Fondues

fürs gesellige Vergnügen

> Autorin: Angelika Ilies | Fotos: Jörn Rynio

Inhalt

Die Theorie

Die Rezepte

Extra

Fondue: garantiert von heute

Freunde verwöhnen und ganz entspannt gemeinsam mit ihnen schlemmen – beim Fondue ein leichtes Unterfangen. Sie bereiten in Ruhe alles vor und genießen gemeinsam mit Ihren Gästen. Denn: gekocht wird erst am Tisch. Jeder macht mit und kocht selbst.
Bunte Spießchen und raffinierte Bällchen, Eingelegtes und Mariniertes, Gemüse, Fleisch und Fisch – all das macht Appetit und ist weit entfernt vom üppigen Fondue unserer Eltern, bei dem oft nur große Fleischstücke auf dem Tisch standen.

Fondue-Basics

1 | Platzbedarf

Ausreichend Platz am Tisch ist für gefahrlosen Genuss eines Fondues unerlässlich. Schließlich brodelt es in der Mitte sehr heiß vor sich hin, Abstand will daher gewahrt sein. Mehr als sechs Leute sollten nicht gemeinsam in einem Fonduetopf köcheln. Sonst kommt nicht jeder bequem an den Topf heran, und Fett oder Brühe kühlen durch große hineingehaltene Mengen zu stark ab.
Wer acht oder zehn Leute mit einem Fondue verwöhnen möchte: ein zweiter Topf, ausgeliehen von guten Freunden, macht's möglich.

1 *Selbstgemachtes lässt sich durch gekaufte Dips und Saucen ergänzen.*

2 | Welches Fondue?

Heißes Fett im Topf macht alles wunderbar knusprig, aber leider auch etwas üppig. In köchelnder Brühe garen Fleisch, Fisch und Gemüse sanft vor sich hin und werden zum leichten Genuss. Käse hüllt Zutaten goldgelb und angenehm würzig ein.

3 | Vielfalt ist Trumpf

Lassen Sie bei der Auswahl des Fondues Geschmack und Zeit entscheiden. Getrost dürfen Sie auch einmal ein Fertigprodukt verfeinern, etwa eine Knoblauchsauce aus dem Glas mit frischen Kräutern sowie etwas Wein und Mascarpone abrunden oder gehackte Tomaten aus dem Tetrapack cremig einkochen und mit Knoblauch, Pesto aus dem Glas, Salz und Pfeffer pikant abschmecken.

4 | Mengenlehre

Die Fondue-Klassiker in diesem Buch sind für vier Personen berechnet, wenn sich Dips, Saucen und andere Beilagen dazu gesellen. Für ein »Fondue for Two« können Sie

2 *Ganz entspannt können Sie mit anstoßen, denn es kann nichts verkochen.*

die Mengen halbieren, für sechs Personen bereiten Sie zusätzlich eine der vorgestellten Varianten zu.
Erfahrungsgemäß isst jeder 150–250 g Fleisch oder Fisch, bei einer großen Auswahl an Gemüse und/oder Früchten auch weniger.

5 | Entspannung pur

Vieles lässt sich für ein Fondue im Voraus zaubern und wartet gut zugedeckt im Kühlschrank auf den großen Auftritt. Ihnen bleibt Zeit, den Tisch zu decken, sich in Schale zu werfen und mit den Gästen anzustoßen. Danach ist alles ruckzuck auf den Tisch gestellt.

Topf & Teller

Unerlässlich für Fondue-Freuden ist ein geeigneter Topf, der auf dem Tisch beheizt werden kann. Es werden verschiedene Formen und Materialien verkauft – lassen Sie sich im Fachgeschäft beraten! Und: Bewahren Sie die Gebrauchsanleitung gut auf – Fondue macht man nicht täglich.
Für jeden Gast stellen Sie einen speziellen Fondueteller oder einen gewöhnlichen Essteller zurecht, idealerweise eingerahmt von Messer, Gabel und Fonduegabel. Beim Feuertopf machen Reisschälchen, Stäbchen und spezielle Metallsiebchen mit langem Griff viel her.

Der Klassiker

1

Fonduetopf aus Edelstahl oder Emaille wird meist mit Rechaud verkauft. So steht der Topf fest und sicher. Praktisch ist eine Metallmanschette auf dem Topf, die als Spritzschutz dient und zugleich die Fonduegabeln hält.

Der Sichere

2

Wer auf Sicherheit Wert legt – vielleicht, weil Kinder mit am Tisch sitzen – wählt einen Fonduetopf mit elektrischer Beheizung. Wichtig ist dann, dass Sie das Stromkabelsehr gut am Tisch befestigen.

Der Asiate

3

Für ein echtes Asia-Fondue benötigt man einen speziellen »Feuertopf« mit trichterförmigem Kamin in der Mitte. Ein klassischer Fonduetopf tut's aber auch. Wichtig: ein großer Brenner für ausreichende Hitze.

Der Käsefondue-Topf

4

»Caquelons«, die breiten flachen Töpfe aus glasiertem Ton oder auch Keramik, sind typisch fürs Käsefondue. Sie werden nicht zu heiß und geben außerdem die Hitze gleichmäßig an den Käse ab.

Fett-Fondue für Knusperlust

1 | So geht's

Beim Fett-Fondue gart alles am Tisch in Öl oder anderem stark erhitzbarem Fett. Mundgerecht vorbereitete Zutaten werden mit einer Fonduegabel aufgespießt, im heißen Fett gebraten und vor dem Genuss in einen Dip getunkt. Beim Klassiker, dem Fondue bourguignonne, kommt ausschließlich Rinderfilet in den Topf. Wem das zu langweilig ist, dem bieten sich viele Alternativen, etwa die auf den Seiten 25–31.

2 | Die Basics

- Das Fett darf den Topf nur ungefähr zur Hälfte füllen. Sonst kann es später herausssprudeln und sich am brennenden Rechaud entzünden. Vorsicht, es besteht Feuergefahr!
- Erhitzen Sie das Fett im Fonduetopf auf dem Herd so lange, bis darin ein Brotwürfelchen im Nu goldbraun wird. Erst dann stellen Sie den Topf vorsichtig auf den bereits angezündeten Rechaud auf dem Tisch.
- Hitze ist auch am Tisch gefragt, sonst saugen die Zutaten zu viel Fett auf. Deshalb: Nicht zu viele Zutaten auf einmal ins Fett halten, sie kühlen das Fett zu stark ab. Und: Ab und zu Ruhepausen zum Aufheizen des Fettes einlegen.
- Gegartes am Topfrand erst abtropfen lassen, so gelangt weniger Fett in Ihren Magen.
- Die gegarten Zutaten auf den Teller legen und vor dem Genuss etwas abkühlen lassen.
- In den Mund wandern die Köstlichkeiten mit der normalen Gabel. Nicht mit der Fonduegabel – Sie würden sich Lippen und Zunge verbrennen.

1 *Mit Fonduegabeln werden mundgerechte Zutaten im heißen Fett gegart.*

2 *Das Fett zuerst in der Küche auf dem Kochfeld heiß werden lassen.*

3 | Der Topf

Topf und Gestell mit Rechaud müssen exakt zusammenpassen, damit der Topf fest und sicher steht. Ein spezieller Fonduetopf ist deshalb am besten, aber Sie können auch gewöhnliche Edelstahl- oder Emailletöpfe nehmen, wenn Sie einen passenden Rechaud haben oder den Topf auf eine Elektro-Heizplatte stellen. Eine sich nach oben verjüngende Form des Topfes verhindert, dass Öl herausspritzt. Praktisch ist eine gezackte Metallmanschette, die auf den Topf gelegt wird und als Spritzschutz für das Öl dient und ein Durcheinanderpurzeln der Fonduegabeln verhindert.

Zutaten fürs Fett-Fondue

Fett: Hoch erhitzbares, reines Pflanzenöl oder festes Pflanzenfett (Frittierfett) gehören in den Fonduetopf. Sie lassen sich hoch genug erhitzen, verbrennen und spritzen nicht. Butter oder Margarine sind tabu – sie können nicht so stark erhitzt werden.

Fleisch: Klassisch ist Rinderfilet, es lässt sich aber nahezu jede andere Fleischsorte im Fonduetopf mit heißem Fett garen. Am feinsten und zartesten sind Filetstücke von Rind, Kalb, Schwein, Lamm, Huhn und Pute, Strauß, Reh oder Hirsch. Aber auch Bratwurst, Spareribs, Schnitzelchen, die Zutaten von den Seiten 25–31 und vieles mehr eignen sich.

Fisch: Jedes feste Fischfilet, dass sich leicht aufspießen lässt, kann im Fonduetopf mit heißem Öl zubereitet werden. Gut sind etwa Kabeljau, Lachs, Tunfisch oder das sehr feine, feste Fleisch vom Seeteufel.

Gemüse: Nicht nur Fleisch und Fisch eignen sich, sondern auch allerlei Gemüsesorten. Grundsätzlich können Sie jedes Gemüse verwenden, das roh gut schmeckt oder sich rasch frittieren lässt (siehe auch die Rezepte ab der Seite 25). Gemüsesorten mit langer Garzeit, etwa grüne Bohnen, müssen vorgekocht werden.

Grundrezept

Zum Dahinschmelzen

Das Käsefondue ist das klassische Fondue, das »Ursprungs«-Fondue aus der Schweiz und zugleich Namensgeber für alle heute bekannten Fonduearten: »Fondre« ist das französische Wort für schmelzen. Es war einst schlichtes Resteessen: Bergbauern ließen trocken gewordenen Käse zusammen mit Wein schmelzen und tunkten Brotwürfel hinein.

Käsefondue

FÜR 4 PERSONEN

- **600 g Gruyère**
- **300 ml trockener, säurebetonter Weißwein**
- **3 TL Speisestärke**
- **6 EL Kirschwasser**
- **Pfeffer**
- **Muskatnuss, frisch gerieben**
- **500 g Brot, gewürfelt**

TIPP

Käsesorten

Gruyère oder Greyerzer ist neben Emmentaler und Freiburger Vacherin eine der klassischen Fondue-Käsesorten. Verwenden Sie nur ihn, oder mischen Sie die verschiedenen Sorten wie beim Neuenburger Käsefondue (s. S. 21).

1 *Den Käse in ganz kleine Würfel schneiden oder mit der Küchenmaschine oder einer Haushaltsreibe grob raspeln.*

2 *Den Wein im Caquelon auf dem Herd leicht erhitzen. Nach und nach den Käse darin unter ständigem Rühren schmelzen lassen.*

3 *Speisestärke mit Kirschwasser glatt rühren. Unter Rühren zum Käse gießen und aufkochen lassen, mit Pfeffer und Muskatnuss würzen.*

4 *Den Caquelon auf den angezündeten Rechau stellen und darauf heiß halten. Brotwürfel mit Fonduegabeln aufspießen und durch die Käsemasse ziehen.*

Pannenhilfe

Käse schmilzt nicht

Käse klein würfeln oder grob raspeln und unter Rühren langsam im nicht zu heißen Wein schmelzen lassen. Wer eine neue Käsesorte probieren will, sollte zuerst in Ruhe testen, ob diese in Wein schmilzt und zur cremigen Masse wird.

Käse und Wein vereinen sich nicht

Stets mit einem Holzlöffel Achten rühren. Reicht das nicht, enthält der Wein vermutlich zu wenig Säure. Geben Sie etwas Zitronensaft dazu. Säurebetonten, trockenen Wein nehmen, etwa Fendant (Gutedel), Riesling, Silvaner oder Edelzwicker.

Käsemasse zu dickflüssig

Nach und nach noch etwas Wein einrühren und das Fondue damit flüssiger machen.

Käsemasse zu dünnflüssig

Noch etwas mehr Käse darin schmelzen lassen. Oder die Wein-Käse-Masse durch wenig mit Kirschwasser angerührte Speisestärke andicken.

Käse und Wein trennen sich wieder

Auch während des Essens muss die Käsemasse stets gerührt werden, damit sie schön cremig bleibt. Reicht das nicht, den Topf noch einmal auf den Herd stellen, das Fondue erhitzen und unter kräftigem Rühren etwas Zitronensaft dazugeben.

Angebrannt?

War die Hitze zu groß, sofort die Hitze reduzieren. Eventuell die Käsemasse in einen anderen Topf umgießen, Fonduetopf säubern, Käsemasse wieder einfüllen und die Flamme des Rechauds kleiner stellen.

Käsemasse schmeckt fad

Der Käse hatte zu wenig Aroma. Würzen Sie die Käsemasse mit frisch gemahlenem Pfeffer, Schnittlauch, Dill, Curry oder getrockneten Pilzen, so sorgen Sie zugleich für Abwechslung.

Brot im Käse

Jeder Brotwürfel sollte etwas Kruste haben, damit sich die Stücke besser aufspießen lassen und nicht so leicht von der Fonduegabel rutschen. Nicht zu weiches und luftiges Brot nehmen.

Zu schnell satt?

Pausen einlegen, eventuell ein Gläschen Kirschwasser genießen. Das regt die Verdauung an. Nicht nur Brot, sondern Pilze, Garnelen, Zucchinischeiben, Brokkoli in den Käse tunken.

Leichte Fondues: Feuertöpfe

1 | So geht's

Sie stammen aus Asien und sind dort Klassiker wie bei uns das Fondue bourguignonne. Als leichte kalorienarme Variante zum Fett-Fondue liegen sie schwer im Trend. Die meist asiatischen Zutaten werden in brodelnder Brühe oder in Wasser geköchelt, Alternativen sind die Trend-Zutaten Wein, Sahne oder Gemüsesaft. Jeder hält die gewählten Zutaten mit Metallsiebchen, Fonduegabel oder Stäbchen in den Topf und gart sie im heißen Sud. Genauso gut: diverse Zutaten einfach in den Topf geben und nach Wunsch nach einigen Minuten mit den Siebchen herausfischen.

1 *Die Zutaten werden in speziellen Siebchen in die Brühe gehalten.*

2 | Die Basics

- Alle Zutaten in kleinen Stücken oder dünnen Scheiben hinstellen.
- Für die Brühe können Sie zu Fertigprodukten greifen. Rühren Sie sie nicht zu kräftig an, sie wird beim Garen noch würziger.
- Die Brühe in einem Topf auf dem Herd aufkochen lassen. Mindestens 3 oder 4 Liter Brühe kochen – während des langen Fondueabends verkocht Flüssigkeit im Fonduetopf, die Sie immer wieder ersetzen müssen.
- Den Feuer- oder Fonduetopf zur Hälfte mit kochender Brühe füllen und auf dem Tisch auf den angezündeten Rechaud stellen.
- Nur in köchelnder Brühe gerät alles knackig, saftig und aromatisch. Nicht zu viele Zutaten auf einmal hineingeben und ab und zu pausieren, damit die Brühe wieder aufkochen kann.
- Zutaten mit Spießchen oder Siebchen in die Brühe halten, dann mit Stäbchen oder Gabeln vom Teller genießen.

2 *Alle Zutaten fein aufschneiden, damit sie in der Brühe rasch garen.*

- Ganz nebenbei entsteht im Topf eine wunderbar aromatische Brühe, die Sie zuletzt (oder am folgenden Tag) als Suppe servieren können.

3 | Der Topf

Typisch ist der »Mongolentopf« mit trichterförmigem Kamin in der Mitte. Sie können aber ebenso einen normalen Fondue- oder einen schönen Edelstahltopf auf den Tisch stellen. Wichtig beim Fondue mit Brühe: ein großer Brenner für ausreichende Hitze. Auf der ganz sicheren Seite sind Sie, wenn Sie den Topf auf eine einzelne Elektroplatte stellen.

Zutaten fürs Asia-Fondue

Brühe: Basis ist eine nicht zu kräftige Fleischbrühe, Hühner-, Fisch- oder Gemüsebrühe. Sie können auch getrost Fertigprodukte verwenden – wer jedoch viel Zeit und Lust hat, kocht selbst eine Brühe. Mit etwas Ingwer, Knoblauch, Curry, Sternanis, Sojasauce, Reiswein, gemahlenem Koriander oder anderen typischen Asia-Gewürzen sorgen Sie für das passende Aroma.

Fleisch & Fisch: Alles, was sich innerhalb weniger Minuten in heißer Brühe garen lässt und dabei zart gerät, eignet sich. Klassiker beim Mongolentopf ist Lamm, aber auch Filet von Rind, Schwein, Kalb, Huhn, Pute, Reh, Strauß und Fisch bietet sich an. Fleisch wird zuvor in dünne Scheiben und nicht in Würfel geschnitten, damit es schneller in der heißen Brühe gart.

Gemüse: Fast jedes Gemüse passt zum Asia-Fondue. Zarte Gemüsesorten, wie Bohnenkeime, Frühlingszwiebeln, Chinakohl oder Zucchini, stehen roh auf dem Tisch bereit. Feste Sorten, wie Blumenkohl, Möhren oder Zuckerschoten, werden zuvor kurz blanchiert.

Sonstige Zutaten: Alles, was in heißer Brühe blitzschnell gart oder sich darin erhitzen lässt, können Sie auf den Tisch stellen, auch die Köstlichkeiten von den Seiten 33–39. Typisch fürs Asia-Fondue sind zuvor eingeweichte Glas- und Reisnudeln, gekochter Reis oder marinierter Tofu.

Traditionell: Fondue-Klassiker

Was wäre ein Buch über Fondues ohne die Klassiker? Ohne Fondue bourguignonne, Mongolentopf und Neuenburger Käsefondue. Hier sind sie, diese und weitere traditionelle Fondue-Bestseller. Allesamt sind sie für 4 Personen beschrieben, so dass Sie sich entweder exakt an diesen Rezepten orientieren oder mit den vielfältigen Anregungen von den Seiten 25–39 auch Ihre eigenen Kreationen beliebig ableiten können.

Blitzrezepte

Fondue bourguignonne

FÜR 4 PERSONEN

➤ **800 g Rinderfilet | Fett zum Ausbacken**

1 | Das Fleisch von Sehnen und überschüssigem Fett befreien, in mundgerechte Würfel schneiden und auf einer Platte arrangieren.

2 | Das Fett im Fonduetopf auf dem Herd erhitzen, auf den angezündeten Rechaud stellen und darauf heiß halten. Weißbrot oder Baguette sowie Salz und Pfeffer dazu servieren. Dips und Beilagen siehe Seite 58.

Bauernfondue

FÜR 4 PERSONEN

➤ **600 g Bergkäse | 100 g kleine Speckwürfel | 300 ml Apfelwein 2 EL Zitronensaft | 3 TL Speisestärke 4 EL Calvados | Pfeffer | Muskatnuss 500 g Brot, gewürfelt**

1 | Käse grob reiben. Speck im Fonduetopf goldbraun braten. Apfelwein und Zitronensaft angießen und erhitzen.

2 | Den Käse darin unter Rühren schmelzen lassen. Stärke mit Calvados glatt rühren und dazugießen. Unter Rühren aufkochen lassen, mit Pfeffer und Muskat würzen. Auf den angezündeten Rechaud stellen und darauf heiß halten. Brotwürfel und Beilagen von Seite 21 dazu reichen.

schnell | preiswert

Gemischtes Fleischfondue

FÜR 4 PERSONEN

- 1 rote Paprikaschote
  2 kleine Zucchini
  200 g Shiitakepilze (ersatzweise braune Champignons)
  600 g gemischtes Fleisch (z. B. Rind, Schwein, Kalb, Lamm, Pute, Huhn, Strauß, Wild)
  Fett zum Ausbacken

Vorbereitung: 30 Min.
- Pro Portion: ca. 455 kcal

1 | Paprika und Zucchini waschen, putzen und in mundgerechte Stücke schneiden. Die Pilze waschen, die Stiele entfernen. Champignons abreiben und putzen.

2 | Das Fleisch kalt abwaschen, abtrocknen und mundgerecht würfeln. Alle Zutaten auf Platten oder Tellern anrichten.

3 | Das Fett im Fonduetopf auf dem Herd erhitzen. Auf den angezündeten Rechaud stellen und darauf heiß halten.

4 | Am Tisch mit der Fonduegabel die gewählten Zutaten aufspießen und im heißen Fett garen.

- Beilagen: Weißbrot oder Baguette sowie Salz und Pfeffer. Eingelegtes Gemüse, Salate, Dips und Saucen nach Geschmack (s. S. 59)
- Getränke: Trockener, ausdrucksstarker Weiß- oder Rotwein, z. B. Grau- oder Spätburgunder.

TIPPS

Viele weitere Zutaten:

- Jedes Gemüse, dass sich roh oder kurz vorgegart in heißem Fett ausbacken lässt.
- Würstchen, etwa Wienerle, Nürnberger oder die pikanten spanischen Chorizos.
- Raffiniertes, wie Spießchen, Röllchen oder Chickenwings, zum Erweitern des Fondues finden Sie ab Seite 25.

1 **Vorbereiten**
Gemüse und Fleisch mundgerecht würfeln.

2 **Erhitzen**
Fett im Fonduetopf auf dem Herd erhitzen.

3 **Am Tisch**
Zutaten auf Fonduegabeln spießen und im heißen Fett garen.

Spezialität aus China | herzhaft

Mongolischer Feuertopf

FÜR 4 PERSONEN

- 100 g Glasnudeln
  100 g chinesische Eiernudeln
  600 g mageres Lammfleisch (z. B. aus Rücken oder Keule)
  1 mittelgroßer Chinakohl (ca. 700 g)
  150 g chinesisches Blattgemüse (z. B. Senfkohl oder Paksoi; ersatzweise Wurzelspinat)
  200 g Tofu
  3 l milde Hühnerbrühe
  1 Stück frischer Ingwer (etwa walnussgroß)

Vorbereitung: 40 Min.

- Pro Portion: ca. 840 kcal

1 | Die Glasnudeln mit heißem Wasser übergießen und 15 Min. quellen lassen. Die Eiernudeln in kochendes Wasser geben und nach Packungsangabe garen, dann in ein Sieb abgießen und abtropfen lassen.

2 | Das Fleisch waschen, trockentupfen, von Sehnen und überschüssigem Fett befreien und in hauchdünne Scheiben schneiden.

3 | Chinakohl und Blattgemüse putzen, waschen und in 2–3 cm breite Streifen schneiden. Den Tofu in Scheiben schneiden. Glasnudeln abtropfen lassen, eventuell mit einer Schere klein schneiden. Alles dekorativ auf Tellern oder auf Platten anrichten.

4 | Die Brühe in einem Topf auf dem Herd aufkochen. Den Feuertopf gut zur Hälfte mit kochender Brühe füllen, die übrige Brühe in der Küche bei schwacher Hitze heiß halten.

5 | Den Ingwer schälen und in den Feuertopf geben. Die Brühe im Feuertopf auf dem Tisch am Köcheln halten.

6 | Am Tisch die Zutaten mit Fonduesiebchen oder Stäbchen in die Brühe halten und garen. Alternative: Zutaten in die köchelnde Brühe geben und mit den Siebchen herausholen. Mit verschiedenen Saucen würzen. Ab und zu heiße Brühe in den Feuertopf nachgießen. Zum Schluss (oder am nächsten Tag) die würzige Brühe mit den übrigen Saucen oder mit etwas Reiswein abschmecken und als Suppe servieren.

- Beilagen: Sojasauce, Chilisauce, Hoisin-Sauce aus dem Asienshop oder eine der Saucen aus diesem Buch (ab Seite 41).
- Getränke: Tee oder kühles Pils, nach Belieben ein kühler Prosecco Spumante.

TIPPS

Am besten Lamm

- Der Klassiker wird mit Lammfleisch und verschiedenem Gemüse zubereitet. Andere Fleischsorten, Meeresfrüchte oder Fisch passen aber auch.
- Das Fleisch eventuell 20–30 Min. ins Tiefkühlfach legen, dann lässt es sich leichter hauchdünn schneiden.

Spezialität aus Japan

Shabu-Shabu

FÜR 4 PERSONEN

- **75 g Glasnudeln**
- **600 g Rinderfilet**
- **200 g Tofu**
- **1 Bund Frühlingszwiebeln**
- **1 große Möhre**
- **100 g Shiitakepilze**
- **100 g Blattspinat (ersatzweise Brunnenkresse)**
- **1 kleiner Kopf Chinakohl**
- **1 Stück Kombu (Seealgen; ersatzweise Nori, Seetang)**

Vorbereitung: 30 Min.
- Pro Portion: ca. 375 kcal

1 | Glasnudeln in heißem Wasser 15 Min. quellen lassen. Fleisch kalt abwaschen, abtrocknen und in hauchdünne Scheiben schneiden. Den Tofu in kleine Stücke schneiden.

2 | Gemüse waschen und putzen. Frühlingszwiebeln in feine Streifen schneiden. Möhre schälen und klein schneiden. Shiitakepilze abreiben, die Stiele entfernen. Spinat verlesen. Chinakohl in schmale Streifen schneiden. Glasnudeln abtropfen lassen. Alle Zutaten auf Platten anrichten.

3 | Etwa 3 l Wasser auf dem Herd aufkochen lassen, das Algenstück darin 10 Min. köcheln lassen. Davon ausreichend in den Feuertopf umgießen, dabei das Algenstück entfernen. Auf den Rechaud stellen und köcheln lassen, den Rest heiß halten.

4 | Am Tisch die Zutaten mit den Stäbchen in die Brühe geben, mit Ess-Stäbchen oder Fonduesiebchen wieder herausfischen. Ab und zu heiße Brühe nachgießen. Zum Schluss die Brühe genießen.

- Beilagen: Japanischer Reis, Sojasauce, süß-sauer eingelegter Ingwer.
- Getränke: Tee, Pils oder ein trockener Weißwein.

Spezialität aus Japan

Tempura

FÜR 4 PERSONEN

- **250 g rohe geschälte Garnelen**
- **200 g Shiitakepilze**
- **800 g gemischtes Gemüse (grüne Bohnen, Brokkoli, Blumenkohl, Auberginen, Zucchini) | 140 g Mehl**
- **Fett zum Ausbacken**
- **2 Eigelbe | 1/2 TL Salz**

Vorbereitung: 45 Min.
- Pro Portion: ca. 755 kcal

1 | Garnelen kalt abbrausen und abtrocknen. Pilze feucht abreiben, die Stiele entfernen. Gemüse waschen, putzen und mundgerecht zerteilen. Einzeln in kochendem Wasser knapp bissfest vorgaren. Herausnehmen, eiskalt abbrausen und abtropfen lassen.

2 | Garnelen, Pilze, Gemüse dünn mit Mehl bestäuben, überschüssiges Mehl abschütteln. Auf Platten anrichten.

3 | Das Fett im Fonduetopf auf dem Herd erhitzen. Auf den angezündeten Rechaud stellen und darauf heiß halten.

4 | Kurz vor dem Servieren die Eigelbe mit 1/4 l eiskaltem Wasser, restlichem Mehl und Salz glatt rühren. Teig in Portionsschälchen bereitstellen.

5 | Am Tisch die Zutaten mit Fonduegabeln aufspießen, in den Teig tunken, abtropfen lassen, ins heiße Fett geben.

- Beilagen: Sojasauce, Wasabi, asiatische Saucen und Dips.
- Getränke: Grüner Tee.

im Bild oben: **Tempura** *im Bild unten:* **Shabu-Shabu**

Balzano

Spezialität aus der Schweiz | vegetarisch

Neuenburger Käsefondue

FÜR 4 PERSONEN

- **1 Knoblauchzehe**
  je 200 g Gruyère, Emmentaler und Freiburger Vacherin (ersatzweise je 300 g Gruyère und Emmentaler)
  500 g gemischtes Brot
  300 ml trockener, säurebetonter Weißwein (z. B. Riesling oder Fendant)
  3 TL Speisestärke
  4 EL Kirschwasser
  Pfeffer | Muskatnuss
  etwas Zitronensaft

Vorbereitung: 40 Min.

- Pro Portion: ca. 985 kcal

1 | Den Knoblauch schälen und halbieren, den Caquelon damit ausreiben.

2 | Den Käse in kleine Würfel schneiden oder reiben. Das Brot mundgerecht würfeln und in Körbchen bereitstellen.

3 | Den Wein im Caquelon auf dem Herd langsam erwärmen. Nach und nach den Käse dazugeben, dabei ständig mit einem Rührlöffel Achten rühren. Den Käse bei schwacher Hitze schmelzen lassen, dann erst zum Köcheln bringen.

4 | Die Stärke mit Kirschwasser glatt rühren, zum Käse gießen und alles aufkochen lassen. Mit Pfeffer und Muskat würzen. So lange rühren, bis sich alles zu einer glatten Masse verbunden hat, dabei eventuell etwas Zitronensaft untermengen. Das Käsefondue auf dem Rechaud bei kleiner Flamme heiß halten.

5 | Am Tisch die Brotwürfel mit der Fonduegabel aufspießen und durch die Käsemasse rühren.

- Varianten: Für feine Schärfe sorgen 2 sehr fein gehackte frische Chilischoten oder 1/2 TL getrocknete Chilibrösel. Einfach unter die Käsemasse rühren.
  Für ein Fondue mit irischem Bier 600 g Cheddar-Käse klein würfeln. 1/4 l Guinness im Caquelon erwärmen, nach und nach (!) den Käse darin unter Rühren schmelzen lassen. 2 TL Speisestärke mit etwas Whisky glatt rühren, die Käsemasse damit binden. Mit Pfeffer würzen. Dunkles Bauernbrot, kleine gekochte Kartoffeln bereitstellen.
- Beilagen: Mixed Pickles und Gürkchen; verschiedene Brot- und Brötchensorten; Früchte wie Birnen, Bananen oder Äpfel; Gemüse mit ganz kurzen Garzeiten, wie Champignons oder Zucchini; kleine gekochte Kartoffeln; Maiskölbchen aus der Dose oder blanchiert; gekochte geschälte Garnelen; kleine Würfel Kochschinken oder gegarte Hähnchenbrust.
- Getränke: Mineralwasser, Tee und ein Gläschen Kirschwasser, um die Verdauung anzuregen. Oder ein trockener säurebetonter Weißwein, z. B. Fendant oder Riesling.

TIPP

Falls etwas schief geht: Auf Seite 9 finden Sie eine kleine Pannenhilfe fürs Käsefondue.

Spezialität aus der Schweiz

Genfer Käsefondue

FÜR 4 PERSONEN

- **500 g gemischtes Brot**
- **200 g Butter**
- **350 g Emmentaler**
- **8 Eigelbe**
- **weißer Pfeffer**
- **Muskatnuss, frisch gerieben**
- **Salz**
- **125 g Sahne**
- **2 EL trockener Weißwein oder Zitronensaft**

Vorbereitung: 45 Min.
Pro Portion: ca. 1320 kcal

1 | Brot mundgerecht würfeln. 50 g Butter in einer breiten Pfanne zerlassen, die Brotwürfel darin goldbraun rösten, dann beiseite stellen.

2 | Den Käse fein reiben. Mit Eigelben, je etwas Pfeffer, Muskat und Salz im Caquelon verrühren. Bei schwacher Hitze ständig rühren. Nach und nach übrige Butter in Stückchen dazugeben, dabei kräftig rühren. Die Mischung nicht kochen lassen.

3 | Wenn die Käsemasse dicklich ist, Sahne und Wein oder Zitronensaft unterrühren. Auf dem angezündeten Rechaud heiß halten, aber nicht kochen lassen. Das Brot bereitstellen.

- Beilagen: Gewürzgurken, Kapernfrüchte, Silberzwiebelchen und eingelegte Maiskölbchen.
- Getränke: Tee oder trockener Weißwein, z. B. Fendant.

TIPP
Die Käsemasse darf nicht kochen, sonst gerinnt das Eigelb. Passiert es doch, sofort etwas Zitronensaft unterrühren.

Spezialität aus Italien

Fonduta

FÜR 4 PERSONEN

- **300 g Fontina (italienischer Rohmilchkäse)**
- **1/4 l Milch**
- **50 g Butter**
- **3 Eigelbe**
- **weißer Pfeffer**
- **500 g italienisches Weißbrot**
- **1 weißer Trüffel**

Vorbereitung: 45 Min.
Einweichen: 6 Std.
Pro Portion: ca. 820 kcal

1 | Käse entrinden, sehr klein würfeln. Mit der Milch übergießen, zugedeckt 6 Std. (oder über Nacht) einweichen.

2 | Die Schüssel mit Käse und Milch in ein heißes Wasserbad stellen, den Käse unter ständigem Rühren bei schwacher Hitze schmelzen lassen. Die Butter dazugeben und zerlassen.

3 | Etwas Käsemasse in einer Tasse mit den Eigelben verquirlen, diese Mischung unter den übrigen Käse rühren. So lange rühren, bis die Masse sämig ist. Mit Pfeffer würzen.

4 | Brot mundgerecht würfeln. Trüffel leicht abreiben und hauchfein hobeln. Die Käsemasse in vorgewärmte Portionsschälchen umfüllen und mit Brot und Trüffel auf den Tisch stellen.

- Beilagen: fein gehobelte Champignons, Kirschtomaten.
- Getränke: trockener italienischer Weiß- oder Rotwein.

im Bild oben: **Genfer Käsefondue** *im Bild unten:* **Fonduta** ➤

Very trendy: fürs Fett-Fondue

Finden Sie kleine Fleischspießchen, Frühlingsröllchen und knusprige Chickenwings auch aufregender als immer nur Filet von Rind und Schwein? Dann tauschen Sie einen Teil des Fleisches gegen diese Köstlichkeiten aus. Mit den folgenden Rezepten sorgen Sie nicht nur für Abwechslung, sondern überzeugen auch Skeptiker neu vom Fondue-Spaß. Auch hier gilt: alles aufspießen, ins heiße Fett halten und mit einem Dip aus diesem Buch und Beilagen nach Wahl genießen.

Blitzrezepte

Satéspießchen

FÜR 4 PERSONEN

➤ 2 Knoblauchzehen | 2 EL Tamarindensauce (ersatzweise 1 TL Zitronensaft) 4 EL süße Sojasauce | 2 TL Sambal oelek | 400 g Hähnchenbrustfilet 16 kleine Holzspießchen

1 | Den Knoblauch schälen und zerdrücken, mit Tamarinden- sowie Sojasauce und Sambal oelek verrühren.

2 | Hähnchenbrustfilet etwa 1 cm groß würfeln und auf Spießchen reihen. Einige Stunden im Kühlschrank marinieren. Die Spießchen ergänzen jedes Fett-Fondue (s. S. 7).

Hähnchen mit Sesam

FÜR 4 PERSONEN

➤ 2 EL Mehl | Salz | Pfeffer | gemahlener Koriander | 1 Ei | 80 g Sesamsamen 300 g Hähnchenbrustfilet

1 | Mehl, Salz, Pfeffer und Koriander auf einem Teller mischen. Auf einem zweiten Teller das Ei verquirlen, auf einen dritten Teller die Sesamsamen streuen.

2 | Das Fleisch mundgerecht würfeln, nach und nach erst im Mehl, dann im Ei und zuletzt in Sesam wenden. Passt zu jedem Fett-Fondue und zu Knoblauchsauce mit Mascarpone (s. S. 41).

für Gourmets | asiatisch

Eingehüllte Garnelen

FÜR 4 PERSONEN

- **16 gegarte geschälte Riesengarnelen**
- **1 kleine Knoblauchzehe**
- **2 EL helle Sojasauce**
- **1 EL Tamarindensauce (ersatzweise 1 TL Zitronensaft)**
- **1/2 TL Sambal Manis (Asienshop)**
- **16 Wantan-Blätter (tiefgefrorene Teigplatten; Asienshop)**
- **1 TL Speisestärke**

Zubereitung: 30 Min.
Marinieren: 1 Std.
Pro Portion: ca. 155 kcal

1 | Garnelen kalt abwaschen und abtrocknen. Eventuell am Rücken aufschlitzen und den dunklen Darm entfernen.

2 | Knoblauch schälen und in eine Schüssel drücken. Mit Soja- und Tamarindensauce sowie Sambal Manis verrühren. Zugedeckt 1 Std. im Kühlschrank marinieren. Inzwischen die Wantan-Blätter unter einem Küchentuch auftauen lassen, nicht benötigte Blätter später wieder einfrieren.

3 | Die Speisestärke mit wenig kaltem Wasser glatt rühren. Nach und nach die Wantan-Blätter auf ein Brett legen, die Ränder mit angerührter Speisestärke einstreichen und jeweils eine marinierte Garnele darin einwickeln. Auf einer Platte anrichten.

asiatisch | für Gourmets

Knusprige Frühlingsröllchen

FÜR 4 PERSONEN

- **2 getrocknete Tongkupilze**
- **1 Stück frischer Ingwer (etwa haselnussgroß)**
- **1 Knoblauchzehe**
- **1 Chilischote**
- **2 EL Sojasauce**
- **schwarzer Pfeffer**
- **100 g Hähnchenbrustfilet**
- **25 Wantan-Blätter (tiefgefrorene Teigplatten; Asienshop)**
- **50 g frische Mungobohnenkeime | 1 TL Öl**

Zubereitung: 40 Min.
Marinieren: 1 Std.
Pro Portion: ca. 120 kcal

1 | Pilze in warmem Wasser 20 Min. einweichen. Ingwer und Knoblauch schälen. Chilischote putzen und waschen. Alles fein würfeln, mit Sojasauce und Pfeffer verrühren.

2 | Das Fleisch sehr fein schnetzeln oder würfeln. In der Marinade wenden und zugedeckt mindestens 1 Std. ziehen lassen. Wantan-Blätter zugedeckt auftauen lassen.

3 | Bohnenkeime waschen und abtropfen lassen, etwas kleiner schneiden. Die Pilze abtropfen lassen und ohne die harten Stiele klein würfeln.

4 | Öl in einer Pfanne erhitzen. Pilze, Bohnenkeime und das Hähnchenfleisch mit der Marinade unter Rühren 1 Min. anbraten. In einer Schüssel etwas abkühlen lassen.

5 | Die Wantan-Blätter einzeln vom Stapel nehmen. Die Ränder leicht mit kaltem Wasser bepinseln, je 1 TL Hähnchenmischung auf die Teigblätter setzen. Zwei gegenüberliegende Ecken zur Mitte über die Füllung legen. Die Teigplatte von einer der übrigen Ecken beginnend aufrollen. Am Ende festdrücken. Alle Röllchen auf einer Platte arrangieren.

im Bild links: **Eingehüllte Garnelen** *im Bild rechts:* **Knusprige Frühlingsröllchen** ➤

Klassiker auf neue Art

Kalbsröllchen »Saltimbocca«

FÜR 4 PERSONEN

- 350 g Kalbfleisch am Stück (z. B. Schnitzelfleisch)
- 2 EL Zitronensaft
- Salz | Pfeffer
- 2 Scheiben Parmaschinken
- 16 kleine Salbeiblättchen
- 16 kleine Holzspießchen

Zubereitung: 20 Min.

Pro Portion: ca. 110 kcal

1 | Fleisch in 16 kleine hauchdünne Scheiben schneiden und flach klopfen. Mit Zitronensaft, Salz und Pfeffer würzen. Die Schinkenscheiben achteln und darauf legen.

2 | Salbeiblättchen waschen und abtrocknen, je ein Blatt auf den Schinken legen. Die Schnitzelchen aufrollen, mit Holzspießchen feststecken.

TIPP
Ebenfalls lecker: Röllchen aus Puten- oder Hähnchenfleisch.
Die Röllchen geraten in Fett knusprig, lassen sich aber ebenso gut in Brühe garen.

scharf | gut vorzubereiten

Spicy Chickenwings

FÜR 4 PERSONEN

- 16 Hähnchenflügel (ca. 1,2 kg)
- 2 Knoblauchzehen
- 4 EL Olivenöl
- 1/2 TL getrocknete zerriebene Chilischoten
- 1 TL getrockneter Thymian
- Pfeffer

Zubereitung: 20 Min.

Marinieren: 3 Std.

Pro Portion: ca. 310 kcal

1 | Flügel mit Geflügelschere an den Gelenken teilen. Den Knoblauch schälen, zerdrücken. Mit Öl, Chilibröseln, Thymian, Pfeffer verrühren.

2 | Hähnchenflügel darin wenden, zugedeckt 3 Std. im Kühlschrank marinieren.

TIPP
Das Fett muss richtig heiß sein, damit die Chickenwings knusprig geraten. Trotz der großen Menge reicht das Rezept nur als Ergänzung für ein Fett-Fondue (s. S. 7) für 4 Personen.

gut vorzubereiten

Feurige Spareribs

FÜR 4 PERSONEN

- 1 kg Spareribs (Schweinerippchen)
- 2 Knoblauchzehen
- 1 Stück frischer Ingwer (etwa walnussgroß)
- 6 EL Sojasauce
- 2 EL Ahornsirup
- 1/2 TL getrocknete zerbröselte Chilischoten

Zubereitung: 20 Min.

Marinieren: 3 Std.

Pro Portion: ca. 205 kcal

1 | Spareribs in einzelne Rippen zerschneiden, diese quer in fingerlange Stücke hacken.

2 | Knoblauch und den Ingwer schälen und sehr fein hacken. In einer großen Schüssel mit Sojasauce, Ahornsirup und Chilibröseln verrühren. Die Rippchen gut darin wenden, zugedeckt im Kühlschrank mindestens 3 Std. marinieren.

gelingt leicht | herzhaft

Bunte Putenspießchen

FÜR 4 PERSONEN

- **250 g Putenbrustfilet**
  Salz | Pfeffer
  edelsüßes Paprikapulver
  12 getrocknete Aprikosen (ca. 75 g)
  6 dünne Scheiben Bacon (ca. 75 g)
  2 kleine Zucchini (ca. 200 g)
  24 kleine Holzspießchen

Zubereitung: 45 Min.
- Pro Portion: ca. 230 kcal

1 | Das Putenbrustfilet in etwa 1,5 cm große Würfel schneiden und mit Salz, Pfeffer und Paprikapulver kräftig würzen.

2 | Aprikosen heiß abwaschen und abtrocknen. Die Baconscheiben halbieren, die Aprikosen damit umwickeln. Die umwickelten Früchte einmal durchschneiden. Die Zucchini waschen, putzen und längs halbieren, in etwa 1,5 cm dicke Scheiben schneiden.

3 | Jeweils 1 Zucchinistück, 1/2 umwickelte Aprikose und 1 Fleischwürfel auf die Holzspießchen reihen, die Spießchen dekorativ auf einem Teller anrichten.

- Varianten: Für Leberspießchen Kalbsleber etwa 1,5 cm groß würfeln, würzen und mit Zwiebelstückchen und Apfelspalten auf Spießchen reihen.
  Für Wurstspieße kleine Wurststücke mit Paprikawürfeln und Frühlingszwiebel-Stücken auf Spießchen reihen.

preiswert | vegetarisch

Gebackenes Gemüse

FÜR 4 PERSONEN

- **1 kg gemischtes Gemüse (z.B. Blumenkohl, Brokkoli, Zucchini, Auberginen, Zuckerschoten, Paprika, Champignons)**
  1 Bund Petersilie
  4 Eier
  200 g Weizenmehl (Type 1050)
  150 ml Rotwein (ersatzweise kräftige Gemüsebrühe)
  Salz | Pfeffer
  edelsüßes Paprikapulver

Zubereitung: 20 Min.
- Pro Portion: ca. 320 kcal

1 | Gemüse waschen und putzen. Alle Sorten mundgerecht zerschneiden – in kleine Röschen, Würfel und Scheiben. Mit Küchenpapier trockentupfen und auf Platten oder Tellern arrangieren.

2 | Die Petersilie waschen, trockenschütteln und die Blättchen fein hacken. In einer Schüssel mit den Eiern, Mehl und Rotwein zu einem dickflüssigen Teig verrühren. Mit Salz, Pfeffer und Paprikapulver herzhaft würzen.

3 | Den Ausbackteig in Portionsschälchen füllen und mit dem Gemüse auf den Tisch stellen. Gemüse nach Wahl auf die Fonduegabel spießen, in den Teig tunken, abtropfen lassen, ins heiße Fett halten und garen.

- Variante: Auch Fisch und Meeresfrüchte lassen sich gut in Teig einhüllen und ausbacken. Oder einfach nur dünn mit Mehl bestäuben und ins heiße Fett tauchen.

im Bild links: **Bunte Putenspießchen** *im Bild rechts:* **Gebackenes Gemüse**

Low-Fat: Fondue mit Brühe

Leichter Genuss! Kalorienarmes Vergnügen! Eine kulinarische Reise nach Asien macht's möglich – dort wird Fondue seit jeher mit Brühe zubereitet (s. S. 10/11). Wunderbar leicht, mit Fleisch, Fisch und viel Gemüse, mit würzigen Saucen und Dips. Genau richtig für alle, die gerne experimentieren und denen das klassische Fett-Fondue zu schwer und üppig ist. Die folgenden Rezeptideen ergänzen den klassischen Mongolentopf (s. S. 17) und runden ihn perfekt ab. Suchen Sie Ihre Favoriten heraus.

Blitzrezepte

Gemüsebällchen

FÜR 4 PERSONEN

➤ **200 g Blumenkohl- oder Brokkoliröschen | Salz | 2 Eier | 60 g Semmelbrösel | 2 EL Grieß | Muskatnuss, frisch gerieben | Pfeffer**

1 | Blumenkohl- oder Brokkoliröschen zugedeckt in wenig Salzwasser in knapp 10 Min. garen. Herausnehmen, abtropfen lassen und pürieren.

2 | Eier, Semmelbrösel und Grieß unterrühren, mit Salz, Muskat und Pfeffer würzen. 10 Min. quellen lassen, dann zu 25 walnussgroßen Bällchen oder Nocken formen. Auf einem Teller anrichten. Die Bällchen runden ein Fondue mit Brühe ab. Grüne Ricottacreme (s. S. 45) dazu reichen.

Zucchiniröllchen

FÜR 4 PERSONEN

➤ **2 Zucchini | 2 TL gehackter Dill | Pfeffer | 2 Scheiben gekochter Schinken | 16 kleine Holzspießchen**

1 | Zucchini quer halbieren, die Hälften längs in dünne Scheiben hobeln oder schneiden. Mit Dill und Pfeffer würzen.

2 | Schinken in 16 kleine Stücke schneiden, auf die Zucchinischeiben legen und diese vorsichtig aufrollen. Mit Holzspießchen feststecken. Auf einem Teller anrichten. Die Röllchen runden jedes Fondue mit Brühe perfekt ab.

mediterran | kalorienarm

Putenklößchen

FÜR 4 PERSONEN

- 300 g Putenbrustfilet
- 1/2 Bund Petersilie
- 1 Ei
- 1 Eigelb
- 1 TL Zitronenschale von 1 unbehandelten Zitrone
- 3 EL gemahlene Mandeln
- 2 EL gehackte Mandeln
- Salz | Pfeffer

Zubereitung: 20 Min.

Pro Portion: ca. 195 kcal

1 | Das Fleisch von Haut und Sehnen befreien und durch die feine Scheibe des Fleischwolfs drehen oder im Mixer oder auch Zerhacker fein zerkleinern.

2 | Die Petersilie waschen, trockenschütteln und die Blättchen hacken. Mit Ei, Eigelb, Zitronenschale, Mandeln, Salz und Pfeffer zum Fleisch geben.

3 | Alles gründlich vermengen, pikant abschmecken und zu walnussgroßen Klößchen formen. Bis zum Anrichten zugedeckt in den Kühlschrank stellen.

gut vorzubereiten

Mariniertes Schweinefilet

FÜR 4 PERSONEN

- 1 Stück frischer Ingwer (etwa walnussgroß)
- 2 Knoblauchzehen
- 2 EL Sojasauce
- 2 EL Austernsauce (Asienshop)
- 2 TL Reisessig (Asienshop)
- 1 TL Sesamöl (Asienshop)
- schwarzer Pfeffer
- 300 g Schweinefilet
- 1 Hand voll Koriandergrün

Zubereitung: 20 Min.

Marinieren: 2 Std.

Pro Portion: ca. 100 kcal

1 | Ingwer und Knoblauch schälen und sehr fein würfeln. Mit Soja- und Austernsauce, Essig, Sesamöl und Pfeffer verrühren.

2 | Das Fleisch in hauchdünne Scheiben schneiden, in der Marinade wenden und zugedeckt 2 Std. im Kühlschrank marinieren. Zum Servieren auf einer Platte auslegen. Das Koriandergrün waschen, trockenschütteln, die Blättchen grob hacken und darüber streuen.

macht was her

Spargel im Spinat-Mantel

FÜR 4 PERSONEN

- 500 g weißer Spargel
- Salz
- 200 g Blattspinat
- 2 Scheiben gekochter Schinken
- Muskatnuss, frisch gerieben

Zubereitung: 30 Min.

Pro Portion: ca. 75 kcal

1 | Spargel waschen, putzen, schälen, in fingerlange Stücke schneiden. 1 l Salzwasser aufkochen lassen, Spargel darin je nach Dicke in 5–10 Min. bissfest vorgaren. In ein Sieb abgießen, eiskalt abbrausen und abtropfen lassen.

2 | Spinat waschen und verlesen. Mit kochendem Wasser übergießen, sofort in ein Sieb abgießen, eiskalt abbrausen und abtropfen lassen.

3 | Schinken in etwa 5 cm breite, kurze Stücke schneiden. Spargel mit Muskatnuss würzen, dann sorgfältig mit Schinken und Spinat umwickeln. Dekorativ auf einer Platte arrangieren.

im Bild links: **Mariniertes Schweinefilet** *im Bild oben:* **Putenklößchen** *im Bild rechts:* **Spargel im Spinat-Mantel**

schnell | fettarm

Herzhafte Fischspießchen

FÜR 4 PERSONEN

- **400 g festes Fischfilet (z. B. Kabeljau)**
- **2 EL Zitronensaft**
- **1 EL grüner Tabasco (ersatzweise roter Tabasco)**
- **Salz**
- **Pfeffer**
- **2 dicke Knoblauchzehen**
- **100 g kleine Kirschtomaten**
- **16 kleine Holzspießchen**

Zubereitung: 25 Min.
➤ Pro Portion: ca. 80 kcal

1 | Das Fischfilet in etwa 1,5 cm große Würfel schneiden. Den Zitronensaft mit Tabasco, Salz und Pfeffer verrühren, die Fischwürfel darin wenden.

2 | Den Knoblauch schälen und in nicht zu dünne Scheibchen schneiden. Kirschtomaten waschen und abtrocknen.

3 | Die Zutaten abwechselnd auf die Holzspießchen reihen und diese zum Servieren dekorativ auf einem Teller anrichten.

➤ Varianten: Für bunte Garnelen-Spießchen 250 g nicht zu kleine, geschälte Tiefseegarnelen würzen und mit kleinen Paprikastücken auf Spießchen reihen, eventuell Knoblauchscheibchen mit aufreihen.
Für Meeresfrüchte-Spießchen geschälte Garnelen, Stücke von geputztem Tintenfisch sowie ausgelöstes Muschelfleisch mit Zucchinischeiben auf Spießchen reihen, mit Cayennepfeffer oder Tabasco würzen.

kalorienarm
macht was her

Karibische Fischröllchen

FÜR 4 PERSONEN

- **300 g Seezungen- oder Schollenfilets**
- **4 EL Limettensaft**
- **2 EL Chilisauce**
- **1 EL Tamarindensauce (ersatzweise Zitronensaft)**
- **Salz**
- **weißer Pfeffer**
- **1/2 TL gemahlener Kreuzkümmel**
- **1/2 reife Avocado**

Zubereitung: 40 Min.
➤ Pro Portion: ca. 135 kcal

1 | Den Fisch kalt abwaschen, abtrocknen und in 2–3 cm breite Streifen schneiden. Auf einem großen Brett ausbreiten und mit 2 EL Limettensaft beträufeln.

2 | Die Chilisauce mit Tamarindensauce, Salz, Pfeffer und Kreuzkümmel verrühren, die Fischstreifen damit bestreichen.

3 | Die Avocadohälfte schälen und das Fruchtfleisch in dicke Scheiben, die Scheiben in Streifen schneiden. Sofort mit dem übrigen Limettensaft beträufeln, mit Salz und Pfeffer würzen. Je 1 Avocadostück quer auf einen Fischstreifen legen.

4 | Die Fischstreifen um die Avocadostücke herum aufrollen und mit Holzspießchen feststecken.

➤ Variante: Statt der Avocado sorgen fruchtige Füllungen für Raffinesse. Wickeln Sie Streifen von Ananas, Papaya, Mango oder Banane in das Fischfilet ein.

im Bild oben: **Herzhafte Fischspießchen** *im Bild unten:* **Karibische Fischröllchen** ➤

asiatisch | kalorienarm

Vietnamesische Reispapierröllchen

FÜR 4 PERSONEN

- 1 kleine Knoblauchzehe
- 1 kleine rote Chilischote
- 2 EL Fischsauce (Asienshop)
- 125 g Hähnchenbrustfilet
- 40 g Glasnudeln
- 50 g Mungobohnenkeime
- 1 Möhre
- 2 Zweige Minze
- 1 TL Sojaöl
- 16 runde Reispapierblätter (16 cm Durchmesser; Asienshop)

Zubereitung: 40 Min.
➤ Pro Portion: ca. 135 kcal

1 | Den Knoblauch schälen, die Chilischote waschen, halbieren und putzen. Beides fein hacken und mit der Fischsauce verrühren. Das Hähnchenbrustfilet in sehr feine Streifen schneiden und in der Marinade wenden.

2 | Die Glasnudeln in einer Schüssel mit heißem Wasser übergießen und 15 Min. quellen lassen.

3 | Die Bohnenkeime kalt abbrausen und abtropfen lassen. Die Möhre schälen und grob raspeln. Die Minze waschen, trockenschütteln und die Blättchen hacken.

4 | Das Öl in einer beschichteten Pfanne erhitzen, das Hähnchenfleisch darin rundherum 2 Min. braten. Herausnehmen und mit den übrigen vorbereiteten Zutaten mischen.

5 | Die Reispapierblätter nacheinander einige Minuten in kaltem Wasser einweichen. Auf einem Brett auslegen. 1 EL Füllung in die Mitte geben. Das Reispapierblatt vorsichtig aufwickeln.

TIPPS

- Die Röllchen sind eine raffinierte Ergänzung zum Mongolentopf. Beilagen und Getränke sind auf Seite 17 beschrieben.
- Im Asienshop gibt es getrocknete Reisblätter in verschiedenen Formen und Größen. Falls Sie sie noch nie verarbeitet haben, sollten Sie 2 Blätter pro Röllchen nehmen.

1 **Marinieren**
Ganz fein geschnetzeltes Fleisch zur Marinade geben.

2 **Mischen**
Angebratenes Fleisch mit den übrigen Zutaten mischen.

3 **Füllen**
1 EL Füllung auf ein eingeweichtes Reispapierblatt geben.

4 **Aufrollen**
Seiten vom Reispapier beim Aufwickeln einschlagen.

Unverzichtbar: Saucen & Dips

Erst die Saucen und Dips machen ein Fondue zu dem, was es ist: zu einem kulinarischen Vergnügen. Vier bis sechs verschiedene Kreationen sollten Sie auf den Tisch stellen, um so zum Dippen und Ausprobieren einzuladen. Wählen Sie aus den folgenden Vorschlägen Ihre Favoriten aus. Alle Saucen passen zu fast jedem Fett-Fondue und Feuertopf, geschmackliche Vielfalt ist Trumpf. Anregungen zum Kombinieren finden Sie auf den Seiten 58 und 59.

Blitzrezepte

Knoblauch-Mascarpone-Sauce

FÜR 4 PERSONEN

➤ 4 Knoblauchzehen | 175 g Mascarpone
2 EL saure Sahne | Salz | Pfeffer
1 EL Olivenöl | 1/2 Bund Schnittknoblauch (ersatzweise Schnittlauch)

1 | Knoblauch schälen. 2 Zehen zerdrücken, mit Mascarpone und saurer Sahne verrühren. Mit Salz und Pfeffer abschmecken.

2 | Übrigen Knoblauch in dünne Scheiben schneiden. Öl erhitzen, den Knoblauch darin goldbraun braten. Unter die Mascarponecreme rühren. Schnittknoblauch waschen, trockenschütteln, hacken und darüber streuen.

Scharf-süßer Tomatendip

FÜR 4 PERSONEN

➤ 6 EL Tomatenmark | 6 EL Obstessig
100 g Zucker | 1/2 TL getrocknete zerbröselte Chilischoten | Salz | Pfeffer
1 TL Schnittlauchröllchen

1 | Tomatenmark, Essig, Zucker und Chilibrösel in einem kleinen Topf bei schwacher Hitze unter Rühren aufkochen lassen.

2 | Den Dip mit Salz und Pfeffer abschmecken. In ein Schälchen umfüllen und abkühlen lassen. Mit Schnittlauch bestreuen.

asiatisch | herzhaft

Erdnuss-Sauce

FÜR 4 PERSONEN

- 2 kleine rote Chilischoten
- 2 kleine Knoblauchzehen
- 2 Schalotten
- 60 g ungesalzene, geröstete Erdnusskerne
- 2 EL süße Sojasauce
- 75 ml Gemüsebrühe
- 1 Hand voll Koriandergrün

Zubereitung: 10 Min.
Pro Portion: ca. 100 kcal

1 | Chilischoten aufschlitzen, putzen und waschen. Knoblauch und Schalotten schälen. Alles mit Erdnusskernen, Sojasauce und Brühe zu einer dickflüssigen Sauce pürieren.

2 | Die Sauce in ein Schälchen umfüllen. Das Koriandergrün waschen, trockenschütteln, die Blätter grob hacken und über die Sauce streuen.

TIPP Die Sauce ist klassische Beilage zu den indonesischen Satéspießchen (Rezept Seite 25), passt aber auch gut zu anderen Fondue-Kreationen.

mediterran | preiswert

Bohnendip mit Tomaten

FÜR 4 PERSONEN

- 1 kleines Glas weiße Bohnen (360 g Inhalt)
- 1 kleine Zwiebel
- 1 El Olivenöl
- 1 Knoblauchzehe
- Salz | Pfeffer
- 1 EL Aceto balsamico
- 4 getrocknete, in Öl eingelegte Tomaten
- 3 Zweige Basilikum

Zubereitung: 20 Min.
Pro Portion: ca. 150 kcal

1 | Die Bohnen mit dem Sud mit einem Kartoffelstampfer zerdrücken. Die Zwiebel schälen und sehr klein würfeln. Öl erhitzen, die Zwiebel darin goldgelb braten. Knoblauch schälen und dazupressen.

2 | Bohnen dazugeben und erwärmen. Mit Salz, Pfeffer und Essig würzen.

3 | Tomaten in feine Streifen schneiden. Basilikum waschen, trockenschütteln und die Blättchen hacken. Beides unter den Dip rühren.

preiswert | schnell

Kichererbsen-Dip

FÜR 4 PERSONEN

- 1 Dose Kichererbsen (400 g Inhalt)
- 1 rote Zwiebel
- 1 EL Öl
- 1 Knoblauchzehe
- 1/2 TL gemahlener Kreuzkümmel
- Salz | Pfeffer
- 2 Zweige Minze

Zubereitung: 15 Min.
Pro Portion: ca. 170 kcal

1 | Kichererbsen mit dem Sud pürieren. Die Zwiebel schälen und klein würfeln.

2 | Öl erhitzen. Die Zwiebelwürfel darin glasig werden lassen. Knoblauch schälen und dazupressen. Die pürierten Kichererbsen unterrühren, erhitzen und halb zugedeckt (Spritzgefahr!) bei schwacher Hitze 5 Min. köcheln lassen. Mit Kreuzkümmel, Salz und Pfeffer würzen und abschmecken.

3 | Die Minze waschen, trockenschütteln, die Blätter hacken und unter den Dip rühren.

im Bild links: **Erdnuss-Sauce** *im Bild rechts:* **Bohnendip mit Tomaten** *im Bild unten:* **Kichererbsen-Dip**

gut vorzubereiten

Grüne Ricottacreme

FÜR 4 PERSONEN

- 1 Bund Basilikum
- 1/2 Bund Schnittlauch
- 1/2 Bund Schnittknoblauch (ersatzweise 2 Frühlingszwiebeln)
- 250 g Ricotta
- 2 getrocknete, in Öl eingelegte Tomaten
- Salz
- Pfeffer
- 1 EL Pinienkerne

Zubereitung: 15 Min.

Pro Portion: ca. 155 kcal

1 | Die Kräuter waschen, trockenschütteln und zusammen mit der Ricotta glatt pürieren.

2 | Die Tomaten sehr fein würfeln und unter die Ricottacreme rühren. Mit Salz und Pfeffer abschmecken.

3 | Pinienkerne in einer trockenen beschichteten Pfanne goldbraun rösten und abkühlen lassen. Die Creme in ein Schälchen umfüllen und mit Pinienkernen bestreuen.

schnell | preiswert

Preiselbeer-Orangen-Sauce

FÜR 4 PERSONEN

- 1 unbehandelte Orange
- 100 g eingelegte Preiselbeeren
- 1 EL Schmand oder saure Sahne
- 1 EL Mayonnaise
- Salz | Pfeffer

Zubereitung: 15 Min.

Pro Portion: ca. 95 kcal

1 | Die Orange heiß abwaschen und abtrocknen. Etwas Schale mit einem Zestenreißer abziehen, 1 TL Schale fein abreiben. Schale so abschneiden, dass die weiße Außenhaut entfernt wird. Die Fruchtsegmente zwischen den Häutchen herausschneiden, dabei den abtropfenden Saft auffangen.

2 | Preiselbeeren mit Schmand oder saurer Sahne, Mayonnaise, abgeriebener Orangenschale und abgetropftem Orangensaft verrühren. Fruchtfilets klein schneiden und unterrühren, salzen und pfeffern. In ein Schälchen umfüllen und mit Orangenschalenstreifen bestreuen.

preiswert | gelingt leicht

Joghurt-Walnuss-Dip

FÜR 4 PERSONEN

- je 1/2 Bund glatte Petersilie, Schnittlauch und Basilikum
- 1 Knoblauchzehe
- 2 EL Walnusskerne
- 150 g fettarmer Joghurt
- 1 EL Walnussöl
- Salz
- Pfeffer

Zubereitung: 10 Min.

Pro Portion: ca. 70 kcal

1 | Die Kräuter waschen und trockenschütteln, die Blättchen fein hacken, den Schnittlauch in Röllchen schneiden. Den Knoblauch schälen und zerdrücken. Die Walnusskerne hacken.

2 | Kräuter, Knoblauch und Walnüsse mit Joghurt und Öl verrühren, mit Salz und Pfeffer abschmecken. In ein Schälchen umfüllen.

im Bild oben: **Joghurt-Walnuss-Dip** *Mitte:* **Grüne Ricottacreme** *im Bild unten:* **Preiselbeer-Orangen-Sauce**

exotisch | kalorienarm

Gurkendip mit Ingwer

FÜR 4 PERSONEN

- 1 Zwiebel
  1 Stück frischer Ingwer (etwa walnussgroß)
  2 Knoblauchzehen
  150 g Salatgurke
  1 EL Öl
  1 TL Sambal Manis (Asienshop; ersatzweise Sambal oelek)
  2 EL Sojasauce

Zubereitung: 15 Min.
- Pro Portion: ca. 35 kcal

1 | Zwiebel, Ingwer und den Knoblauch schälen und sehr fein hacken. Die Gurke schälen und über einer Schüssel fein raspeln.

2 | Das Öl erhitzen. Die Zwiebelwürfel darin bei mittlerer Hitze glasig werden lassen. Ingwer und Knoblauch kurz mit anbraten. Gurkenraspel mit Gurkensaft einrühren und alles bei schwacher Hitze kurz köcheln lassen. Mit Sambal Manis und Sojasauce würzen. Den Dip in ein Schälchen umfüllen und abkühlen lassen.

exotisch | macht was her

Karibischer Kokosdip

FÜR 4 PERSONEN

- 1 Frühlingszwiebel
  2 rote Chilischoten
  1 kleine Knoblauchzehe
  1 TL Öl
  1 kleine Dose Kokosmilch (165 ml Inhalt)
  2 Scheiben Ananas
  Salz | Pfeffer

Zubereitung: 20 Min.
- Pro Portion: ca. 35 kcal

1 | Die Frühlingszwiebel waschen, putzen und in feine schräge Ringe schneiden. Die Chilischoten aufschlitzen, putzen, waschen und in feine Streifen schneiden. Knoblauch schälen und hacken.

2 | Das Öl erhitzen. Frühlingszwiebel, Chili und Knoblauch darin anschwitzen. Mit der Kokosmilch ablöschen.

3 | Ananas von Schale und Mittelstrunk befreien, sehr klein würfeln, unter die Sauce rühren, mit Salz und Pfeffer abschmecken. In ein Schälchen umfüllen und abkühlen lassen.

exotisch | preiswert

Curry-Kokos-Sauce

FÜR 4 PERSONEN

- 1 Zwiebel | 1 EL Öl
  1 1/2 TL Mehl
  1 TL grüne Currypaste (Asienshop; ersatzweise 2 TL Currypulver)
  80 ml Gemüsebrühe
  4 EL Kokosnusspulver
  Salz
  einige Zweige Koriandergrün

Zubereitung: 15 Min.
- Pro Portion: ca. 115 kcal

1 | Zwiebel schälen, fein würfeln. Öl erhitzen. Zwiebel darin glasig werden lassen. Mehl darüber stäuben, anschwitzen. Currypaste einrühren.

2 | Unter Rühren mit Brühe ablöschen und zur glatten Sauce verarbeiten. Kokosnusspulver einrühren. Sauce salzen und abkühlen lassen.

3 | Koriandergrün waschen, trockenschütteln, hacken und über die Sauce streuen.

- Variante: Statt Kokosnusspulver und Brühe 100 ml Kokosmilch nehmen.

mediterran | schnell

Käsesauce

FÜR 4 PERSONEN

- 80 g Fontina (italienischer Rohmilchkäse)
- 80 g Gorgonzola
- 1/8 l Milch
- 5 EL trockener Weißwein
- Pfeffer
- 2 Zweige Basilikum

Zubereitung: 10 Min.
Pro Portion: ca. 180 kcal

1 | Fontina klein, Gorgonzola grob würfeln. Milch in einem kleinen Topf aufkochen, Käse darin bei schwacher Hitze unter Rühren schmelzen, dann abkühlen lassen.

2 | Vor dem Servieren die Sauce mit dem Pürierstab durchmixen, dabei den Wein dazugießen. Mit Pfeffer abschmecken. Basilikum waschen, trockenschütteln und die Sauce damit garnieren.

TIPP Statt Gorgonzola den kräftigen Roquefort nehmen und 1–2 EL eingelegten grünen Pfeffer zugeben, so wird die Sauce pikanter.

mediterran | preiswert

Schwarzer Olivendip

FÜR 4 PERSONEN

- 150 g schwarze Oliven
- 1 EL Zitronensaft
- 5 EL Olivenöl
- 1 TL Dijon-Senf
- 2 EL Aceto balsamico
- 4 Zweige Thymian
- Salz
- Pfeffer
- 2 grüne paprikagefüllte Oliven

Zubereitung: 10 Min.
Pro Portion: ca. 140 kcal

1 | Die schwarzen Oliven entsteinen und sehr fein hacken. Die Oliven mit Zitronensaft, Öl, Senf und Essig verrühren.

2 | Den Thymian waschen und trockenschütteln, die Blättchen abzupfen und unter den Dip rühren. Den Dip mit Salz und Pfeffer kräftig abschmecken.

3 | Den Dip in ein Schälchen umfüllen. Die grünen Oliven halbieren. Den Dip damit garnieren.

scharf | gelingt leicht

Süßsaure Pfirsichsauce

FÜR 4 PERSONEN

- 3 Schalotten
- 2 frische Pfirsiche (ersatzweise aus der Dose)
- 1 EL Öl
- 1 kleine Knoblauchzehe
- 2 EL brauner Zucker
- 75 ml Brühe
- Salz | Pfeffer
- 1/8 TL getrocknete zerbröselte Chilischoten
- 2 EL Apfelessig

Zubereitung: 15 Min.
Pro Portion: ca. 80 kcal

1 | Schalotten schälen und fein würfeln. Pfirsiche überbrühen, häuten, entsteinen und klein würfeln. Öl erhitzen. Die Schalotten darin glasig werden lassen. Den Knoblauch schälen und dazupressen.

2 | Pfirsiche, Zucker und die Brühe dazugeben und alles bei schwacher Hitze 5 Min. köcheln lassen. Mit Salz, Pfeffer, Chilibröseln und dem Essig würzen. Die Sauce in ein Schälchen umfüllen und abkühlen lassen.

◄ *im Bild oben:* **Käsesauce** *im Bild rechts:* **Schwarzer Olivendip** *im Bild unten:* **Süßsaure Pfirsichsauce**

Verführerisch: passende Beilagen

Etwas Baguette oder anderes Brot gehört heute zu jedem feinen Menü. Auch beim Fondueabend sollten Sie nicht darauf verzichten. Noch besser: Variieren Sie das Angebot! Überraschen Sie Ihre Gäste mit selbst gebackenen Mini-Brötchen oder Kräuter-Käse-Schnecken, und verführen Sie die Runde mit einem herzhaften Salat zum wiederholten genüsslichen Zugreifen.

Blitzrezepte

Bunter Gemüsesalat

FÜR 4 PERSONEN

➤ 2 zarte Frühlingszwiebeln | 1 Kohlrabi 2 kleine Möhren | 200 g Salatgurke 1 säuerlicher Apfel | 3 EL Zitronensaft 3 EL Olivenöl | Salz | Pfeffer | 1/2 Kästchen Kresse

1 | Gemüse und Apfel waschen, putzen und in feine Ringe, kleine Würfel oder dünne Scheibchen schneiden.

2 | Zitronensaft mit Öl, Salz und Pfeffer verquirlen, Gemüse und Apfelwürfel darin wenden. Die Kresse waschen, abschneiden und unter den Salat mischen.

Lachs-Gurken-Tatar

FÜR 4 PERSONEN

➤ 1 säuerlicher Apfel | 175 g Salatgurke 125 g Räucherlachs | 1 EL Zitronensaft Salz | Pfeffer | 1/4 TL gemahlener Koriander | 1/2 Bund Dill

1 | Apfel waschen, abreiben, vierteln und entkernen. Gurke schälen. Apfel, Gurke und Lachs sehr klein würfeln.

2 | In einer Schüssel mit Zitronensaft, Salz, Pfeffer und Koriander vermischen. Dill waschen, trockenschütteln, hacken und über den Salat streuen.

gut vorzubereiten

Gefüllte Mini-Brötchen

FÜR 12 STÜCK

- 30 g frische Hefe
- 100 ml lauwarmes Wasser
- 1/2 TL Zucker
- 200 g Mehl (Type 405)
- 2 EL Olivenöl
- 1 TL Salz
- 1/2 TL getrockneter Oregano
- 100 g Schafkäse
- Backpapier

Zubereitung: 45 Min.
Ruhen: 2 Std. 30 Min.
Backzeit: ca. 15 Min.
Pro Stück: ca. 95 kcal

1 | Die Hefe zerbröckeln und mit etwas Wasser, Zucker und 1 EL Mehl glatt rühren. Zugedeckt 15 Min. ruhen lassen.

2 | Übriges Mehl, restliches Wasser, Öl, Salz und Oregano dazugeben. Alles zu einem glatten, geschmeidigen Teig verkneten. Den Teig zugedeckt an einem mäßig warmen Ort 2 Std. gehen lassen.

3 | Schafkäse in 12 Würfel schneiden. Den Teig noch einmal kräftig durchkneten und in 12 gleich große Portionen teilen. Diese zu Brötchen formen, dabei je 1 Käsewürfel in die Mitte geben.

4 | Die Brötchen auf ein mit Backpapier belegtes Blech setzen und zugedeckt 15 Min. ruhen lassen.

5 | Den Backofen auf 200° (Umluft 180°) vorheizen. Die Brötchen im heißen Backofen (Mitte) in 12–15 Min. goldgelb backen.

für Gourmets
preiswert

Herzhafte Mini-Muffins

FÜR 12 STÜCK

- 125 g Mehl
- 2 TL Backpulver
- Salz
- Pfeffer
- 30 g frisch geriebener Parmesan
- 30 g getrocknete, in Öl eingelegte Tomaten
- 1/2 Bund Basilikum
- 1 Ei
- 3 EL Olivenöl
- 100 g fettarmer Joghurt
- Öl für die Form

Zubereitung: 20 Min.
Backzeit: ca. 30 Min.
Pro Stück: ca. 90 kcal

1 | Den Backofen auf 200° vorheizen. Die Vertiefungen einer Form für 12 Mini-Muffins mit Öl einpinseln.

2 | Mehl, Backpulver, jeweils 1/4 TL Salz und Pfeffer sowie den Parmesan mischen. Die Tomaten fein würfeln und dazugeben. Basilikum waschen, trockenschütteln, die Blättchen hacken und dazugeben. Alles vermengen.

3 | Ei, Öl und Joghurt dazugeben und alles zu einem glatten Teig verrühren. Den Teig in die Vertiefungen der vorbereiteten Form füllen.

4 | Die Muffins im Backofen (Mitte; Umluft 180°) in etwa 30 Min. goldbraun backen. Am besten lauwarm servieren.

im Bild links: **Herzhafte Mini-Muffins** *im Bild rechts:* **Gefüllte Mini-Brötchen**

mediterran | schnell

Rucola-Möhren-Salat

FÜR 4 PERSONEN

- 2 EL Pinienkerne
- 125 g Rucola
- 2 kleine Möhren
- 100 g Bergkäse
- 1 Zwiebel
- 3 EL Aceto balsamico
- Salz | schwarzer Pfeffer
- 6 EL Olivenöl
- 2 Zweige Zitronenthymian (ersatzweise Thymian)

Zubereitung: 25 Min.
Pro Portion: ca. 290 kcal

1 | Pinienkerne in einer beschichteten Pfanne ohne Fett goldbraun rösten. Herausnehmen und beiseite stellen.

2 | Rucola waschen, putzen, verlesen und trockenschütteln, eventuell mundgerecht zerzupfen. Möhren schälen und grob raspeln oder in Scheiben schneiden. Käse in feine Streifen schneiden.

3 | Die Zwiebel schälen und sehr fein würfeln. Mit Essig, Salz und Pfeffer verquirlen. Öl unterschlagen und das Dressing abschmecken.

4 | Rucola, Möhren und Käse in dem Dressing wenden. Mit Pinienkernen bestreuen. Thymian waschen, trockenschütteln, Blättchen abzupfen und über den Salat streuen.

gut vorzubereiten

Kräuter-Käse-Schnecken

FÜR 8 STÜCK

- 1/2 Würfel Hefe (20 g)
- 200 ml lauwarmes Wasser
- 1/2 TL Zucker
- 300 g Weizenmehl (Type 1050)
- 3 EL Olivenöl
- 2 TL getrockneter Thymian
- 1 1/2 TL Salz
- Mehl zum Bearbeiten
- 1 Eigelb zum Bestreichen
- 30 g geriebener Bergkäse zum Bestreuen
- Backpapier

Zubereitung: 1 Std.
Ruhen: 1 Std.
Backzeit: ca. 20 Min.
Pro Stück: ca. 195 kcal

1 | Hefe zerbröckeln und mit etwas Wasser, Zucker und 1 EL Mehl verrühren. Zugedeckt 15 Min. ruhen lassen.

2 | Übriges Wasser, Mehl, Öl, Thymian und Salz dazugeben, alles zu einem geschmeidigen Teig verkneten. Zugedeckt an einem warmen Ort 30 Min. ruhen lassen.

3 | Den Teig auf einer leicht bemehlten Arbeitsfläche noch einmal durchkneten. In 8 Portionen teilen, zu fingerdicken, langen Strängen rollen und diese zu Schnecken formen. Auf ein mit Backpapier belegtes Blech heben und zugedeckt noch 15 Min. ruhen lassen.

4 | Den Backofen auf 200° vorheizen. Eigelb verquirlen, die Schnecken damit bestreichen und mit Käse bestreuen. Im Backofen (Mitte; Umluft 180°) in 15–20 Min. goldbraun backen. Auf einem Rost auskühlen lassen.

➤ Variante: Für Speck-Schnecken 100 g sehr kleine Speckwürfel in einer Pfanne knusprig ausbraten, abkühlen lassen und nach dem ersten Aufgehen unter den Teig kneten. Ansonsten bleibt die Zubereitung gleich.

im Bild oben: **Rucola-Möhren-Salat** *im Bild unten:* **Kräuter-Käse-Schnecken** ➤

gut vorzubereiten

Gelb-grüner Kartoffelsalat

FÜR 4 PERSONEN

- 600 g kleine fest kochende Kartoffeln
- 1 Bund Schnittlauch
- 1 Bund glatte Petersilie
- Salz | Pfeffer
- 3 EL Weißweinessig
- 3 EL Olivenöl
- 2 EL Walnussöl
- 1 Dose Maiskörner (400 g Inhalt)
- 4 EL Walnusskerne

Zubereitung: 45 Min.

Pro Portion: ca. 600 kcal

1 | Kartoffeln ungeschält in Wasser in 25 Min. garen. Kurz abkühlen lassen, schälen und in Scheiben schneiden.

2 | Kräuter waschen und trockenschütteln. Schnittlauch in Röllchen schneiden, Petersilie hacken. Mit Salz, Pfeffer und Essig verrühren, beide Ölsorten unterschlagen.

3 | Mais abtropfen lassen, im Dressing wenden. Kartoffeln vorsichtig untermengen, salzen und pfeffern. Die Nüsse hacken und darüber streuen.

fruchtig | mediterran

Spinatsalat mit Grapefruits

FÜR 4 PERSONEN

- 2 rosa Grapefruits
- 120 g Blattspinat
- 2 rote Zwiebeln
- 2 TL Schnittlauchröllchen
- 1 TL Thymianblättchen
- 3 EL Rotweinessig
- Salz | Pfeffer
- 6 EL Olivenöl
- 60 g schwarze Oliven

Zubereitung: 30 Min.

Pro Portion: ca. 180 kcal

1 | Grapefruits samt weißer Haut schälen. Fruchtfilets zwischen den Häutchen herausschneiden, dabei den abtropfenden Saft auffangen.

2 | Spinat waschen, verlesen, grobe Stiele abzwicken. Zwiebeln schälen, halbieren und in feine Streifen schneiden.

3 | Kräuter mit Essig, Salz, Pfeffer, etwas Grapefruitsaft und Öl verquirlen. Fruchtfilets, Spinat und Zwiebeln darin wenden. Oliven entkernen, grob hacken und darüber streuen.

exotisch | gelingt leicht

Bunter Sprossensalat

FÜR 4 PERSONEN

- 4 Schalotten
- 1 Stück frischer Ingwer (etwa walnussgroß)
- 2 EL Reisessig
- Salz | Pfeffer
- 6 EL Öl
- 200 g Rettich
- 1 Möhre
- 125 g Salatgurke
- 150 g gemischte Sprossen
- 3 EL Cashewkerne

Zubereitung: 30 Min.

Pro Portion: ca. 235 kcal

1 | Schalotten und Ingwer schälen und sehr fein hacken. Mit Essig, Salz und Pfeffer verquirlen. Öl unterschlagen, das Dressing pikant abschmecken.

2 | Rettich, Möhre und Gurke putzen, schälen und grob raspeln. Sprossen kurz abbrausen, trockenschütteln und zerzupfen. Das Gemüse in der Marinade wenden.

3 | Cashewkerne grob hacken, in einer Pfanne kurz rösten und über den Salat streuen.

im Bild oben: Gelb-grüner Kartoffelsalat *Mitte:* Bunter Sprossensalat *im Bild unten:* Spinatsalat mit Grapefruits

Ideen für Fondue-Abende

Klassik für 4

1. **Zubereiten:** Fondue bourguignonne (s. S. 13)
2. **Beilagen:** Knoblauch-Mascarpone-Sauce (s. S. 41), Preiselbeer-Orangen-Sauce (s. S. 45), Käsesauce (s. S. 49), Bohnendip mit Tomaten (s. S. 43); Gelb-grüner Kartoffelsalat (s. S. 57), Baguette, Cornichons, Silberzwiebeln, eingelegtes Gemüse
3. **Getränke:** Mineralwasser, trockener Rotwein, z. B. Badischer Spätburgunder

Käsefondue für 4

1. **Zubereiten:** Neuenburger Käsefondue (s. S. 21)
2. **Beilagen:** Mixed Pickles
3. **Getränke:** Mineralwasser, Tee und Kirschwasser; nach Belieben trockener Weißwein, z. B. Fendant

Käsefondue für 6

1. **Zubereiten:** Bauernfondue (s. S. 13) in 1 1/2facher Menge
2. **Beilagen:** Bunter Gemüsesalat (s. S. 51), eingelegte Maiskölbchen, kleine Champignons, Birnen- und Apfelspalten, blanchierte Brokkoli- und Blumenkohlröschen
3. **Getränke:** Mineralwasser, Tee, Kirschwasser, trockener Weißwein, z. B. Riesling

China-Abend für 4

1. **Zubereiten:** Mongolischer Feuertopf (s. S. 17)
2. **Beilagen:** Scharf-süßer Tomatendip (s. S. 41), Gurkendip mit Ingwer (s. S. 47), Erdnuss-Sauce (s. S. 43), Süßsaure Pfirsichsauce (s. S. 49); Bunter Sprossensalat (s. S. 57), gekochter Duftreis, Sojasauce, Chilisauce, eingelegter Ingwer
3. **Getränke:** Mineralwasser, grüner Tee, kühles Pils

Low-Fat-Fondue für 6

1. **Zubereiten:** Brühe (s. S. 10); Gemüsebällchen (s. S. 33), Mariniertes Schweinefilet (s. S. 35), Herzhafte Fischspießchen (s. S. 36), Spargel im Spinat-Mantel (s. S. 35)
2. **Beilagen:** Joghurt-Walnuss-Dip (s. S. 45), Gurkendip mit Ingwer (s. S. 47), Kichererbsen-Dip (s. S. 43), Grüne Ricottacreme (s. S. 45); eingeweichte Reisnudeln, Bunter Gemüsesalat (s. S. 51)
3. **Getränke:** Mineralwasser, Weißwein

Großes Fondue für 8

1. **Zubereiten:** 2 Fonduetöpfe mit Brühe (s. S. 10); 500 g feine Filetscheiben, Zucchiniröllchen (s. S. 33), Putenklößchen (s. S. 35), Spargel im Spinat-Mantel (s. S. 35)
2. **Beilagen:** Je in 1 1/2facher Menge: Knoblauchsauce (s. S. 41), Olivendip (s. S. 49), Käsesauce (s. S. 49), Kokosdip (s. S. 47), Brot, Reisnudeln, Kartoffelsalat (doppelte Menge)
3. **Getränke:** Mineralwasser, Weißwein

Fondue mit Fisch für 6

1. **Zubereiten:** Käsefondue (s. S. 8) in 1 1/2facher Menge zubereiten, mit gehacktem Dill würzen.
2. **Beilagen:** Lachs-Gurken-Tatar (doppelte Menge; s. S. 51), gekochte geschälte Garnelen, kleine Pellkartoffeln, blanchierte Brokkoliröschen
3. **Getränke:** Mineralwasser, Tee und Kirschwasser; nach Belieben trockener Weißwein, z. B. Silvaner

Fisch-Fondue für 6

1. **Zubereiten:** Brühe (s. S. 10), 600 g gemischtes Fischfilet, gewürfelt; Fischspießchen (s. S. 36), Karibische Fischröllchen (s. S. 36)
2. **Beilagen:** Grüne Ricottacreme (s. S. 45), Joghurt-Walnuss-Dip (s. S. 45), Karibischer Kokosdip (s. S. 47), Curry-Kokos-Sauce (s. S. 47); Lachs-Gurken-Tatar (s. S. 51), Kräuter-Käse-Schnecken (s. S. 54); Baguette
3. **Getränke:** Mineralwasser, trockener Weißwein

Asia-Fondue für Two

1. **Zubereiten:** Fleischfondue mit 250 g Fleisch (s. S. 15), Eingehüllte Garnelen (1/2 Rezept; s. S. 26); Satéspießchen (1/2 Rezept; s. S. 25)
2. **Beilagen:** Erdnuss-Sauce (s. S. 43), Curry-Kokos-Sauce (s. S. 47), Gurkendip mit Ingwer (s. S. 47), Bunter Sprossensalat (1/2 Rezept; s. S. 57), Baguette
3. **Getränke:** grüner Tee, Weißwein

Schnelles Fondue für 4

1. **Zubereiten:** Fondue bourguignonne mit 400 g Fleisch (s. S. 13); Gebackenes Gemüse (s. S. 30)
2. **Beilagen:** Knoblauch-Mascarpone-Sauce (s. S. 41), Joghurt-Walnuss-Dip (s. S. 45); 2 gekaufte Fertigsaucen, verschiedene gekaufte Mini-Brötchen; Rucola-Möhren-Salat (s. S. 54)
3. **Getränke:** Mineralwasser, trockener Weißwein

Vegetarisches Fondue für 4

1. **Zubereiten:** Brühe (s. S. 10)
2. **Extras:** 150 g Bohnenkeime, 200 g kleine Champignons, 1 Paprikaschote, 300 g Zucchini, 2 Lauchstangen
3. **Beilagen:** Gemüsebällchen (s. S. 33), Erdnuss-Sauce (s. S. 43), Grüne Ricottacreme (s. S. 45), Schwarzer Olivendip (s. S. 49), Curry-Kokos-Sauce (s. S. 47), Gelb-grüner Kartoffelsalat (s. S. 57), Bauernbrot
4. **Getränke:** Mineralwasser, Weißwein

Wild-Fondue für 4

1. **Zubereiten:** Zwiebelwürfel im Fonduetopf anschwitzen, mit Rotwein erhitzen, würzen; 800 g zarte Scheiben von Wildfleisch
2. **Beilagen:** Käsesauce (s. S. 49), Olivendip (s. S. 49), Knoblauchsauce (s. S. 41), Preiselbeer-Orangen-Sauce (s. S. 45); Spinatsalat mit Grapefruits (s. S. 57), Mini-Brötchen
3. **Getränke:** Mineralwasser, trockener Rotwein

Zum Gebrauch
Damit Sie Rezepte mit bestimmten Zutaten noch schneller finden können, stehen in diesem Register zusätzlich auch beliebte Zutaten wie Putenfleisch oder Tomaten – ebenfalls alphabetisch geordnet und **halbfett** gedruckt – über den entsprechenden Rezepten.

Die Autorin

Angelika Ilies, die gebürtige Hamburgerin mit Wohnsitz in der Nähe von Frankfurt am Main, startete ihre Karriere als Food-Journalistin direkt nach dem Oecotrophologiestudium. Sie erlebte den Redaktionsalltag in einem renommierten Verlag in London. Zurück im eigenen Land verstärkte sie das Kochressort der größten deutschen Foodzeitschrift. Seit 1989 arbeitet sie erfolgreich als freie Autorin und Food-Journalistin.

Der Fotograf

Jörn Rynio arbeitet als Fotograf in Hamburg. Zu seinen Auftraggebern gehören nationale und internationale Zeitschriften, Buchverlage und Werbeagenturen. Aus seinem Studio stammen alle Rezeptfotos in diesem Band. Tatkräftig unterstützt wurde er dabei von seiner Foodstylistin Martina Mehldau.

Hinweis

Die Temperaturstufen bei Gasherden variieren von Hersteller zu Hersteller. Welche Stufe Ihres Herdes der jeweils angegebenen Temperatur entspricht, entnehmen Sie bitte der Gebrauchsanweisung.

Bildnachweis

Alle Fotos: Jörn Rynio, Hamburg

Impressum

Redaktionsleitung: Birgit Rademacker
Redaktion: Tanja Dusy
Lektorat: Redaktionsbüro Maryna Zimdars, München
Layout, Typografie und Umschlaggestaltung: Independent Medien Design, München
Herstellung: Maike Harmeier
Satz: Design-Typo-Print, Ismaning
Repro und Druck: Appl, Wemding
Bindung: Sellier, Freising

ISBN 3-7742-5455-9

Auflage 5. 4. 3.
Jahr 2006 05 04

GRÄFE UND UNZER

Ein Unternehmen der GANSKE VERLAGSGRUPPE

DAS ORIGINAL · GU · MIT GARANTIE

Das Original mit Garantie

Ihre Meinung ist uns wichtig. Deshalb möchten wir Ihre Kritik, gerne aber auch Ihr Lob erfahren. Um als führender Ratgeberverlag für Sie noch besser zu werden. Darum: Schreiben Sie uns! Wir freuen uns auf Ihre Post und wünschen Ihnen viel Spaß mit Ihrem GU-Ratgeber.

Unsere Garantie: Sollte ein GU-Ratgeber einmal einen Fehler enthalten, schicken Sie uns das Buch mit einem kleinen Hinweis und der Quittung innerhalb von sechs Monaten nach dem Kauf zurück. Wir tauschen Ihnen den GU-Ratgeber gegen einen anderen zum gleichen oder ähnlichen Thema um.

Ihr Gräfe und Unzer Verlag
Redaktion Kochen
Postfach 86 03 25
81630 München
Fax: 089/41981-113
e-mail: leserservice@graefe-und-unzer.de

GU KÜCHENRATGEBER

Neue Rezepte für den großen Kochspaß

ISBN 3-7742-5449-4

ISBN 3-7742-4908-3

ISBN 3-7742-4905-9

ISBN 3-7742-4883-4

ISBN 3-7742-5459-1

ISBN 3-7742-4889-3

64 Seiten, 6,90 € [D]

Das macht die GU Küchenratgeber zu etwas Besonderem:

- *Rezepte mit maximal 10 Hauptzutaten*
- *Blitzrezepte in jedem Kapitel*
- *alle Rezepte getestet*
- *Geling-Garantie durch die 10 GU-Erfolgstipps*

GU

Gutgemacht. Gutgelaunt.

GÄSTEZAHL

- Höchstens sechs Gäste köcheln in einem Topf.
- Jeder muss bequem an den Topf heranreichen.
- Fett oder Brühe kühlen durch Eintauchen zu großer Mengen stark ab, deshalb immer wieder Pausen einlegen.
- Für gesellige Runden mit acht oder zehn Gästen einen zweiten Topf ausleihen.

Fondue mit Spaß- & Gelinggarantie

MESSER & GABEL

- Für jeden Gast (Fondue-)Teller, Messer, Gabel und Fonduegabel eindecken.
- Beim Feuertopf machen Reisschälchen, Stäbchen und spezielle Metallsiebchen mit langem Griff viel her.

TRINK-GENUSS

- Strenge Regeln für den Weingenuss sind out.
- Entkorken Sie am besten einen trockenen, gut gekühlten Wein.
- Ob Weiß oder Rot – Ihr Geschmack entscheidet. Weißwein bei 10–12°, Rotwein bei etwa 16° servieren.

MENGENLEHRE

- Zwischen 150 und 250 Gramm Fleisch oder Fisch isst erfahrungsgemäß jeder.
- Bei einer großen Auswahl an Gemüse und/oder Früchten entsprechend weniger.
- Brot und mindestens 4 Dips als Begleitung sind Pflicht, eine größere Auswahl beeindruckende Kür.